人生を自由自在に楽しむ本

キャメレオン竹田

大和書房

はじめに

――すべては映像！「人生、怖いもの知らず！」でいきましょう

周りに反応して、一喜一憂する人生は、そろそろ終わりにしませんか？

もうそろそろ、本当の自分を生きませんか？
もうそろそろ、自由自在に生きませんか？

今から私は、あなたに、衝撃的なことをお伝えします。
それは何かといいますと……、

「あなたの世界は、すべて、あなたが創った映像！」

ということです。

四方八方映像です。

いつも、怖い映像を見ている人は、あなたが怖い現実を創りました。

いつも、楽しい映像を見ている人は、あなたが楽しい現実を創りました。

そして、創った映像の登場人物をどうにかしようとしても、うまくいきません。

なぜなら、映像だからです。

いきなり、スピリチュアルすぎることをお伝えさせていただきましたが、**この方法で生きると、とても生きやすくなる**んです。

信じたくない人もいるでしょう。

目の前のことは映像!?

それって、自分をごまかして、ただ、不安から目を背ける……。つまり現実逃避をしているだけじゃないの？

と思う方もいるでしょう。

これ、ちょっと違うんです。

見て見ぬふりをする現実逃避だったら、しばらくして、必ずまた起きる現実に対して、一喜一憂が始まります。

モグラたたきのように終わりがありません。

しかしながら、〝目の前は映像〟ということを活用していくと、現実に対して、一喜一憂することがなくなり、それどころか、**現実を自由自在に楽しむことができるようになっていく**のです。

「本当の自分」を生きれば、迷いは消えていく

あなたは、いつもどんな映像を見ていますか？

映像にガッツリ入り込んで、いちいち感情を揺り動かされたり、文句をいったりしてはいませんか？

それともすでに、自分で映像を自由自在にアレンジして、楽しんでいますか？

もしも、前者の場合は、このまま読み進めることをオススメします。

この本を通して、あなたが映像の中をさまよっている状態から、**本当の自分を生きる状態へとシフトできるよう**に、ご案内いたしましょう。

というわけで、

これは映像ですからね！　とか、

お〜い、戻ってこ〜い！　と、

いちいち、自分で創りあげたお化け屋敷にハマりすぎているあなたを、お化け屋敷の外に呼び戻させていただきます。

そして、本書を読み終わる頃には、

「ていうか……人生って自由自在じゃねぇ⁉」

と、余裕でつい、口走ってしまうあなたに出会えることでしょう。

キャメレオン竹田

人生を自由自在に楽しむ本

CONTENTS

はじめに

PROLOGUE

さあ、「本当の自分」を思い出そう

毎日をもっと自由に、もっとシンプルに！

CHAPTER 1

「人生の主導権」を取り戻す方法

すべては、自分の本音で選んでいい！

CHAPTER 2

自分を「気にしすぎ地獄」から救い出す

焦らないで、「なりゆき」に任せてみる

CHAPTER

3

思い通りに現実を書き換えるには？

「ユルくて楽ちん！」くらいがちょうどいい

CHAPTER

4

「あなたは私」で、「私はあなた」の法則

周囲は、自分の心の状態を映す〝鏡〟

CHAPTER 5

他人も自分も「許す」と、未来が広がる

「握りしめていること」を手放すヒント

おわりに

PROLOGUE

さあ、
「本当の自分」を
思い出そう

「なんか、いい感じ！」で過ごす3つのポイント

人生を、自由自在に生きるために大事な3つのポイントがあります。
それは何かといいますと、

①人目を気にしない
②人に介入させない
③人に介入しない

です。

これらができていないと、一向に自由になれません。
それでは一つずつ説明していきましょう。

①人目を気にしない

そもそも、あなたは、存在しているだけで、大いに価値があります。
寝ても覚めても、最高です。

にもかかわらず、自分の価値を、外に求めてしまっていませんか？
外に対して、自分の価値基準や、存在意義を委ねてしまうと、本当の自分を生きることができなくなるんですね。

外からのいい評価＝自分に価値がある、価値が高まる
外からのよくない評価＝自分には価値がない、価値が低くなる

これって、**自分の価値が、受け身状態になっています。**
そうすると、どうなっていくかというと……。
周りにどう思われているかを、とても気にして生きることになります。

でも、周りって……？　そう、映像でしたね！

ですので、一番大事なのは、
自分は自分のことを、どう評価しているの？
ということになるんです。

それが、体験する映像として創り出されていくので、自分には価値があると思っていれば、そういう体験をし、自分には価値がないと思っていれば、そういう体験をします。

また、外に対してよく見られようと無理をしたり、他人と比較して落ち込んだり、何かいわれると気にしたり……。

映像にどう自分を見せようが、自己満足ですし、
映像にどう反応しようが、一人劇場です。

映像の創造主はあなただからです。
あの人も、この人も、あなたが創り出したのです、というか、あなたです。
これをいちいち思い出してください。

こんがらがってきましたか!?

ちなみに、**映像は、あなたの心の底、つまり、潜在意識に入っているものが放映されるん**です。

②人に介入させない

あなたの心は、あなただけの、ものすごく自由な領域です。

神社にも「**ここから先は神域ですよ！**」という結界がありますよね。同じように、**私たちにも結界があります**。

しかし、自分に結界があることを忘れてしまう人が多いんですね。そうなると、人にコントロールされたりしたりのドラマが始まってしまいます。

自分がどう思うか！

これは、あなたが自分で自由に選択できる部分。

誰に何をいわれても、どんな状況にいようとも、あなたの心はものすごく自由そのものです。

誰にも何にも支配されていません。

いつでも、あなたの心は、あなたが創り出した映像の主人であることを忘れないでください。

その他大勢のエキストラにやたら反応しなくて大丈夫です。

誰かを主人にしてしまうクセはありませんか？

「お帰りなさい、ご主人様」

というフレーズは、誰かにではなく、自分自身に使ってくださいね！

③人に介入しない

今度は逆に、人に介入しなくていいという話です。

人のことは、いい意味で放っておくことが大事です。

これは無視するとか、無関心でいることとは違います。

人が好きでやっていることについて、いちいちジャッジをしたり、首を突っ込んだりしなくていいということです。

逆の立場で考えてみてください。

自分が好きでやっていることを、他人からジャッジされたり、口出しされたりしたら、あなただって嫌ですよね。

人はそれぞれ考え方が違います。

こちらが正しいと思っていることが、相手にとってはそうでないことは、ふつうにあります。

相談されていないのにもかかわらず、誰かにアドバイスしようとするのは、余計なお世話です。

世の中には、不安や心配をしている状態が好きな人もいます。そして、たとえ誰かに相談しても、内心では解決を望んでいない人もいます。
また、何をいわれても、自分に対して非難や攻撃されているようにとらえてしまう人もいます。

いろんな人がいますし、その時々によって、人の心や反応も変わります。

そして、それらすべては、あなたが創った映像です。

さあ、種明かしをさせていただきました。
いったん、ここで深呼吸をどうぞ！

人に相談しなくても自分で解決できる人になる

あなたは、嫌な体験をした場合に、誰かに聞いてもらおうと、そのことを人に話しますか？

人に話して共感してもらうことで、癒されて心が楽になることもありますが、逆に、人に話すことで、そのときの気持ちが事細かによみがえり、より苦しくなることもありますよね。

そんな話をして、感情が揺れていると、その嫌な体験をしているときと同じ重い波動があなたから出ます。

そうすると、また、同じような体験を引き寄せてしまいがちです。

これが**波動の法則**です。

「一見ピンチ、でも実は大チャンス！

しかし、逆にいうと、これはチャンスなんですね。

自分からどんどん出てくる重い波動を野放しにするのではなく、その波動をつかんで流すんです。

すると、あなたの中に溜まっていた重い気持ち、そして、これから出てしまうかもしれない重い波動を浄化していくことができます。

映像にひたって、感想をいいまくるのでは

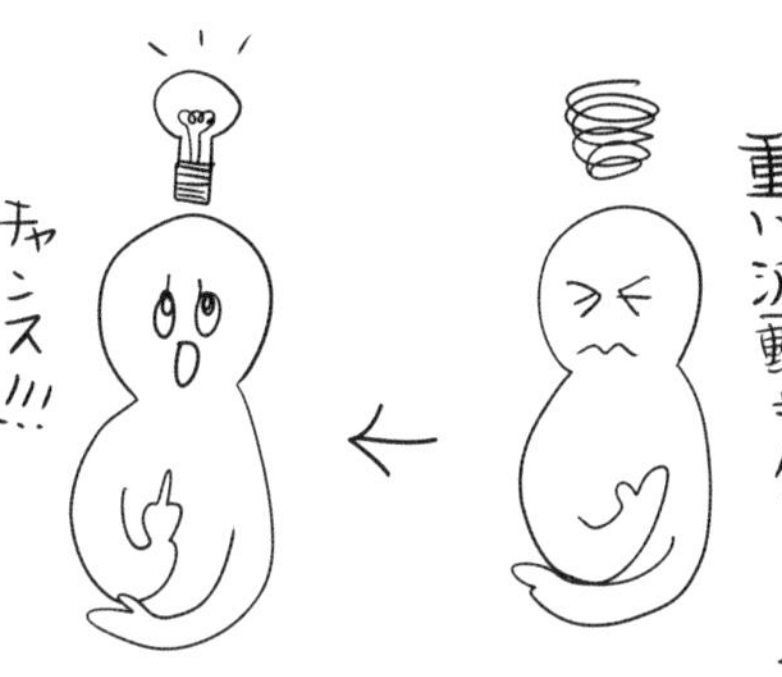

なく、波動を変えるキッカケに使うんです。

手放し方は、簡単です。話しながら、重い波動が出てきたら、74ページで紹介するパチャママワークをします。

とてもやさしいワークなので安心してください。

「映画監督」の視点から自分を見つめる

嫌な話をする場合は、「〇〇という映像！」と、話の最後につけましょう。

そうすると、嫌な話の内容に浸りすぎずに、**客観的に「監督」として現実を把握することができます。**

ちなみに、あなたの波動が変わっていくと、だんだん、嫌な話をしたくなくなっていきます。

「ねえ！　聞いて！　聞いて！（私が見た映像の感想を聞いて！）」

という衝動が起きなくなるんですね。

人に聞いてもらわなくても、自分の中だけで消化できるようになります。

そして、話をしている最中に、パチャママワークでどんどん波動を手放していくと、話をしている最中に気持ちも変わってきます。

「あっ、この問題、大したことないじゃん！」

とか、

「あっ、これそろそろ解決するな！」

とか……。

感覚さえも、変わってくるんですね。

面白いでしょ！

「本当の自分」を思い出すと、周囲に振り回されて一喜一憂することがなくなるうえに、自分の悩みを自分で解決できるようになっていくんです。

そんな「エネルギーの高い人」になれたら、自然にいい波動が出て、自動的に素敵な未来が創られていくでしょう。

次章からは、そのためのお話を、より具体的に進めさせていただきます。

CHAPTER

1

「人生の主導権」を取り戻す方法

「誰かに支配される人生」は、もうやめる

人にコントロールされやすい人は、知らず知らずのうちに、人を自分より上の立場に配置してしまいます。

自分に対しての、支配者をつくってしまうといいましょうか。

無意識ですが、そのほうが、安心するといいましょうか。

そういう人を自分の周りに配置したほうが、実は自分が楽というか。

そのほうが人から好かれると思っていたり、今までそうだったから、身体に

馴染(なじ)んでいるというか……。

このようなタイプの人は、優しい人に多いのですが、これを続けると、いいように人に利用されたり、苦しい人間関係をずっと気をつかいながら続けたりという羽目に陥ります。

そして、**人に好かれるどころか、実はあまり好かれないんですね。**

いつもただ自分に合わせてくれる人というのは、一緒にいて楽かもしれませんが、面白くはないんです。

「ダメになる恋愛あるある」と一緒ですね。

なんでそんなに「重荷」を背負うの？

なるべく相手の望みを叶える返事をしなければならないという考え、そのように誘導されやすい体質、そうではない返事をすることへの罪悪感……。

このような思い込みがある人は、自分の気持ちを外に出すことさえも、かなりの勇気が必要だったりするんです。


でも、そろそろ、相手のためにも、主導権をこちらに戻してもらいましょう。

相手が演じている支配的な役割は、あなたが従う役割をやめないと、終わりにできないんですね。


終わりの仕方は、簡単です。

覚悟を持って、従うことをやめるんです。

あなたが従っていれば、ずっとそのドラマは続くんです。しかし、あなたが支配されるドラマをやめれば、無事クランクアップ（撮影終了）になるんです。


相手のためと思いきや、その逆だったんですね。

すごい勘違いです。

そして、一事は万事なので、その周囲にいる人も、クランクアップして、本来の自分に戻り、自由に、楽に、解放されるんです。

あなたが無理をしていると、周りの人も無理をしているという構図になっているんです。

本当ですよ！

声に出していってください

この世界の主導権は私にあります！

あなたの価値は最強なことを、いついかなるときも、忘れないでください。

ここでも、どこでも、そこでも、あなたの人生の主人はあなたなんですね。

余談ですが、この前ＹｏｕＴｕｂｅで、北朝鮮の収容所育ちで、脱北した人がこういっていました。

「やっと自由を手に入れた途端、何をしていいのかがわからず、逆に苦しい」

彼が「自分が人生の主人」ということを思い出すのには、まだ時間がかかりそうでした。

「自分で決められる人」は、強い

自分のことを、人に決めてもらっていませんか？

何かで迷ったとき、
買うか買わないか、
引っ越すか引っ越さないか、
結婚するかしないか、
仕事を続けるか、辞めるか、変えるか、独立するか……。

自分で決めて失敗したら、誰のせいにもできませんが、誰かに決めてもらうことで、何かあったら、誰かのせいにできます。

ですので、肝心なところを、人に決めてもらおうとする人がいます。

それで自分の気持ちを、ごまかすことはできるかもしれませんが、それをして何か解決できるでしょうか？

相談するのは「自分の気持ち」を確認するため

これって……、映像の中のことを、映像に決めてもらおうとしているんですね。

人の意見はあくまでも参考程度にしましょう。

うまくいっている人は、誰かに何かを聞いたとしても、それは自分の気持ちを確認するためというのがほとんどです。

つまり、自分がいいと思っていたことに対して、聞いた相手も「いいね！」

と答えてくれたら、やっぱりそうだよな！　という確認に。

自分がいいと思っていたことに対して、聞いた相手が「え!?　あまりよくないんじゃない!?」と答えてくれた場合は、それでもいいと思っていたら、自分の心に迷いがないことを確信できますよね。

しかし、それで心が揺れる場合は、自分でも迷っていることが判明します。

ですから、**映像によって、本当の自分からズレることはありません。**

さあ、何かで迷ったら、次の一文をいいましょう。

声に出していってください

人生のすべての決定権は自分にあります！

あなたが〝心地いい〟と感じたならば、それが、あなたにとっての正解です。
正解は、いつもあなたの心の奥が知っています。
映像に惑(まど)わされないでくださいね。

「誰と一緒にいるか」は、自分が決めていい

あなたは、いつもどんな人と一緒にいますか？
好きな人といますか？
それとも、嫌な人と一緒にいて、あとで愚痴(ぐち)をいったりしていますか？
これ、どちらを選択するのかは、あなたの自由です。
私たちは、動けますし、言葉も使えます。

もちろん、いろんな人間といることは面白いので、苦手な人といても、あなたが楽しければ、それはそれでいいんです。

あなたが心地よければ、それでいいんです。

そして、その場にいたくない場合は、うまい理由をつくって離れていいんです。

ずるずると、自分で創った映像に引き込まれないようにしましょう。

いちいち自分に「許可」を出してあげる

好きな人間と一緒にいていいんですよ!

わざわざ嫌いな人間と一緒にいなくていいんです。

こういうことを、いちいち自分に許可を出してください。

あなたに許可を下すことができるのは、あなたしかいないのです。
あなたは、いつも、あなたの最終決裁の権限を持っています。

声に出していってください

私は好きな人間と一緒にいることを許可します！
私は嫌いな人間と一緒にいないことを許可します！

罪悪感もへったくれもございません。
あの人も、この人も、あなたが創造した映像ですからね！

ちなみに、人との組み合わせで、運の化学変化が起きますから、一緒にいる人によって、あなたの運気も変わります。

一緒にいて、もしも、抵抗を感じる場合は、運の抵抗が生まれます。

もしも、**心地よく感じる場合は、いい化学変化が起きているので、いい運が巡ってきます。**

とてもシンプルです。

「私がいないとダメなの」という思い込み

「とはいっても、身内に会わないわけにはいかない……」

と嘆(なげ)き悲しんでいる人がいますが、嫌なら会わなくてもいいんです。

変にそこに義務を持ってきて、自分を縛(しば)り付けなくていいんです。

「私がいないとあの人(チーム、会社……etc)はダメなの……」

と思っている場合って実は、**私がいなければ、あの人は大丈夫になる**んです。

しかしながら、「私がいないとダメ!」に浸ることで、人から必要とされているという自己重要感を満たそうとしている場合、なかなか「私がいないと、あの人はダメなの……」をやめられないんですね。

ですが、「私がいないとダメ！」という役割をあなたが演じている限り、あの人は、「あなたがいないとダメ！」という配役から、クランクアップできません。


全部、これです。

お互いの無駄な苦労を「終わらせる」

例えば、もしも、嫌々お金の援助をしていたら。

「私が援助しないとあの人はダメなの！」という役割をあなたが演じている限り、あの人は、「あなたから援助されないとダメ！」という配役からクランクアップできません。

「私がいなければ」や「私がしなければ」などという縛りから、自分を解放してあげてください。

声に出していってください

私がやらない（いない）とうまくいく！

だって、それも、映像ですからね。

「自分の気持ち」をおさえ込むと起こる現象

本来の自分の性質をおさえ込んでいると、それを代わりに、倍増しで演じてくれるキャストが登場するんです。

ですから、あなたは、**あなたの気持ちをおさえ込んで生きるのではなく、ちゃんと外に出すことが、周りの人に面倒くさい演技をさせないコツ**なんですね。

例えば、本当はいいたいのに、はっきりいえない場合、あなたに対して、何かグザグザと伝えてくる人が登場します。

本当はすごく遊びたいのに、我慢している場合は、周りの人で、すごく遊んでいて楽しそうな人が登場します。

本音を見せつけられるから、ヒヤッとする

それらを見て、「ムキー！！！」となったり「うらやましい～！」と感じたりする必要はありません。

あなたの代わりに、それをしてくれているだけです。

それで、自分の子供が勉強せずに、遊んでばかりという行為をしたりするんです。

実はこれ、あなたの代わりにやってくれているんですよ！

無駄遣いしてくれる場合もありますね！

だから、逆に、ありがとうですね！

それを見たら、気づきましょう。
あっ、私もそれ……していいんだ！　って。
はい！

声に出していってください

あっ！　私、それしていいんだ！
あっ！　私、それ……したかったんだ！

そもそも「嫌われるのが怖い」のはなんで？

怒られたり、嫌われたりするのが怖いのは、自分の中にある無価値感が刺激されるからです。

外に「自分という人間の価値基準」をおいているんですね。

なので、ここで忘れてはならないことは、あなたがどんなに怒られても、嫌われても、あなたの存在価値は、最初から最後まで素晴らしいので、全く変化はないということです。

もちろん、誰かを傷つけたり、周りに迷惑をかけたりしたら、謝りましょう。自分の非をスルーしていいという意味ではありません。

ただ、そのことであなたの存在自体・存在価値が「否定」されたり「価値が損なわれる」わけではありません！

そこを一緒にしないことが大事です。

そして、出来事は映像ですしね。

相手の顔色は「うかがわない」

また、こちらが迷惑をかけたわけではないのに、機嫌が悪い人に当たられたり、嫌味をいわれたりした場合などに関しては、そもそも、それに振り回される義務はありません。

もしかして、そのまましっかりと洗脳されて、自分で自分のことを追い詰めてはいませんか？

あるいは、一生懸命に相手の機嫌を取っていませんか？

もし、そんなことをしているのだとしたら、今すぐやめましょう。

人から影響されて、心が疲弊しやすいタイプであれば、そのゲリラ豪雨状態の被害に遭わないように、うまく距離を取ることが大切です。

避難しましょう。

あなたが焦点を合わせたことがクローズアップされるというのが、この世界のルールです。なので、あなたがゲリラ豪雨に没入すればするほど、雨は激しくあなたに降り注ぐでしょう。

ですから、**こんなときこそ、あなたの脳内は自由であることを思い出してください。**

影響されにくいタイプであれば、その映像をも楽しんでしまいましょう。

人から嫌味をいわれたら、欽(きん)ちゃんの仮装大賞の点数をつける音を……脳内で再生するんです。

テレテレテレテレテレテレテレ……

テッテテーーーーー！

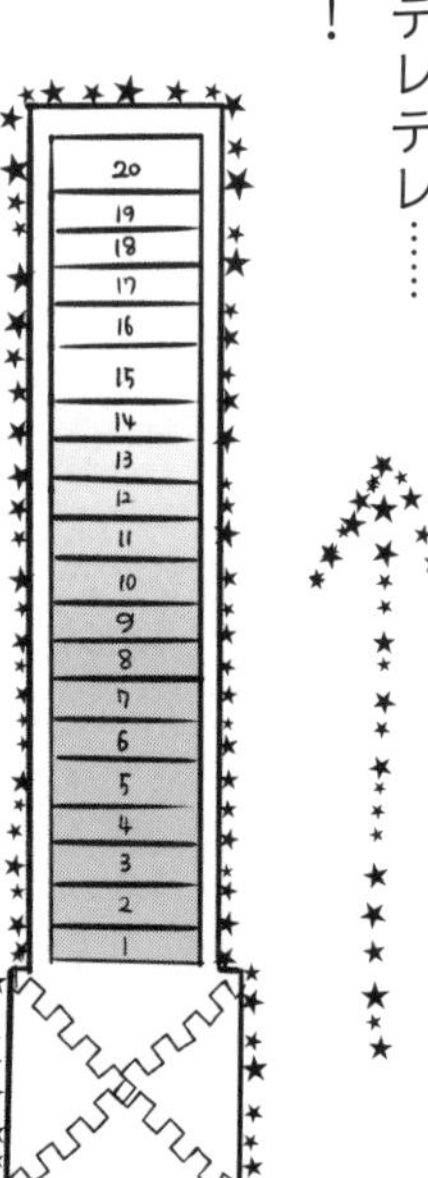

で、今日の嫌味度の点数をつけてみましょう。

相手を採点してあげるのです。すると、よりたくさん嫌味をいわれたほうが、ボーダーラインを突破することができます。やったね！

結局、「面白がれる人」が最強！

もう一つの方法としましては、**脳内で相手の言葉に対して合いの手を入れる**のです。

「あ〜それっ♪」
「あ〜よいしょっ♪」
「あ〜どうしたっ♪」
「そうしましょっ♪　そうしましょっ♪
そうしましょったら♪　そうしましょっ♪」

そうすると、違った意味で「もっと聞きたい！」となってきます。

あなたの意識は「今ここ」に戻ってくるし、マイナスな面に焦点を合わせることも回避できます。

合いの手がわからないという人は、ＹｏｕＴｕｂｅで検索してみてください。**吉幾三『俺ら東京さ行ぐだ』**面白いバージョンがたくさんあって、オススメです。

実際に聴きながら練習をしてみてくださいね（笑）。

「相手を認めて受け入れられる人」は無敵！

人の価値観は、あなたの価値観と違うのは当たり前ですね。

それを「違う！」と、相手を変えようとコントロールしたり、やたら相手をジャッジしようとしたりするのではなく……。


もしも、伝えたいのならば、相手がどうのこうのではなく、ただ、自分の心模様を伝えればいいだけです。

だって、相手は映像でしたね！

さて、では相手の言動が、あなたにとってイライラすることであった場合、どうしましょうか。

とっておきの方法があります。

それが、**ムツゴロウプレイ。**あの動物研究家でおなじみの畑正憲さんことムツゴロウさんをイメージして名づけさせていただきました。

相手の欠点を見つけて、あれこれと非難して同じ土俵に上がるのではなく。

こちらの許せる範囲に説得したり、直そうとしたりもせず。

そのままのその人を認めてしまうと、ものすごく楽になります。

そのための方法がムツゴロウプレイなのです。

それでは、ムツゴロウプレイのやり方を伝授しましょう。

苦手な人がいなくなる「ムツゴロウプレイ」

動物って、○○科で分類されていますよね。

・ネズミ科
・コアラ科
・ウサギ科

例えば、誰かに対して、

「も〜、何かにつけてメェ〜ッて鳴くのやめてもらっていいですか⁉」

と思ってしまったとしても、「だって、仕方ないですよね！　この人、ヤギ科ですから」となれば、すんなり受け入れることができますよね。


さあ、このように、苦手な人も、あなたの心の中で分類してしまいましょう。

・小さな嘘つき科
・やたら話が長い科
・マウンティング科
・絶対に一言多い科
（自信がないので一言付け足して、自分のほうが上ということにして自分を納得させておきたい科）
・思ったことをそのまま口に出してしまう科（悪気はないが若干失礼科）
・必ず遅刻科
・くしゃみが大きすぎて周りをビックリさせる科
・基本、約束を守らない科
・SNSの返信が遅い科
・人の話をあまり聞いていない科
・話の内容が脱線していく科
・質問しても、いつもズレた答えが返ってくる科
・言うことがコロコロ変わる科

・話がすごく長い科
・人の話をいつの間にか自分の話に持っていく科
・いいよ！　というのに後から嫌な態度をとる科（本当は嫌！　をいえない科）
・借りたら返さない科
・忘れ物が多い科
・言い訳が多い科
・いちいちせこい科
・目先の利益に目がない科
・理不尽なことをいう科
・正論が絶対通じない科
・何度も丁寧に説明しないとわからない科
・あまり説明が上手ではない科
・怒りの沸点が低い科
・都合が悪くなると連絡が途絶える科

・必ずケアレスミスをする科
・被害妄想科（何かにつけて、誰かのせいにする科）
・すぐ勘違いをする科
・話を何倍にも膨らます科
・人によって態度を変える科
・世間体ばかり気にする科
・嫉妬が激しい科
・過去の栄光を語りたがる科

……などなど

相手の科さえ把握できれば、それを踏まえて先回りで行動できます。

例えば、「勝手にマイナスポイントを想像して余計な一言をいってくる科」の人に対しては、あまり自分の情報を伝えなければいいのです。

「たくさん人がいるときに限って、目をつけた人に対してマウンティングをし、嫌な思いを植えつける科」の人とは、大勢の前ではあえて一緒にいなければいいのです。

「毎回同じことを聞いてくる科」の人には、図解資料をつくっておいて、渡してしまってもいいでしょう。

対策は、いくらでもできます。

映像に文句をいって、映像に振り回されないこと。
映像とうまく付き合いましょう。

「あっ、そうか。この人はこういう科なんだな」って、受け入れてしまえば、優しく観察することができます。

それどころか、ほら、逆に……だんだん可愛くなってきますよね！

よ〜しよし　よしよし　よしよしっ♪　ってね。

「敵」をたちまち「味方」に変えてしまう法

ちなみに、人は、自分を信じてくれる人・認めてくれる人に、誠意を尽くす生き物です。

この……**すべての人をそのまま受け入れてしまうプレイは、相手を信じ、認めることになるので、不思議と、相手の出方や行動が変わってきます。**

人は、正論で論破してくる人を嫌います。そして、その指摘が図星であればあるほど、イライラしたりするものです。

反対に、そのままの自分を受け入れてくれる人を好むんですね。

なので、あなたは、その人から好かれてしまう可能性が高くなりますし、その人は、あなたのいうことなら聞いてくれるようになるかもしれません。

知らず知らずのうちに、敵を味方につけてしまうってわけです。

敵がどんどん味方に変わっていくなんて、マンガの『ONE PIECE』みたいで素敵ですよね。


ちなみに、サザエさんの次週予告風に、題名をつけるという方法も使えます。

例えば、必ず遅刻する人がいたら、

「○○さん遅刻の秘密」

「○○さん謎の任務」

「○○さん眠れない夜」

……などなど

そこには、壮大なドラマがあるのかもしれません。

いいづらいお願いは、こんなふうに伝える

伝えたいことやお願いしたいこと、注意したいことが、相手からすると面白くないことってありますよね。

ですので、こちらとしてもいいにくい……。

そんな場合に効果的な、2つの方法があります。

まず1つ目は、エレベーターガール風に語尾を上げて伝えます。

開けたドアは、閉めてよ！↓開けたドアは、お閉めくだ～さいっ↑

……とこんな感じです。

2つ目は、おねえ言葉で伝えます。

開けたドアは、閉めてよ！↓もぉ～、あんた、開けたドアは閉めて～♡

おねえ言葉は、裏声を入れると上手にいうことができます。

どちらも言葉の角が取れますので、誰もあなたに対して嫌な人とは思わず、面白い人という印象しか残りません（笑）。

しかも、**いいたいことはしっかりいうことができていますよね。**

最初は少し勇気がいるかもしれませんが、一度やってみるとクセになりますよ。

重苦しい波動は「すかさず手放す」

目の前のことで、一喜一憂しそうになったときに、いろんなワークを使って、そのときの重苦しい波動を手放すことができます。

波動は、私たちから無意識に出ていて、そのときの感情の揺れから生じます。

重苦しい波動が出ると、時間差で、重苦しい現実がやってきます。

軽くて楽しい波動が出ると、時間差で、楽しい現実がやってきます。

あなたの波動が変わると、周りもどんどん変わります。

素敵な未来を構築したいのに、つい、重苦しい波動が出てしまった場合……。

そんなときは、それ（重苦しさ）を堪能（たんのう）するのではなく、**すかさず手放すことが大事**なんです。


そこで一番効果的なのは、深呼吸なんです。


深呼吸をすることで、グッと現実に前のめりになっていた自分を、ニュートラル、つまり、「今ここ」に戻すことができるんですね。

人によっては、深呼吸だけでも、重い波動を手放すことができます。

モヤモヤが一瞬で浄化する「パチャママワーク」

では、すごく簡単なワークを、一つ伝授しましょう。

自分から重苦しい波動が出ていると感じたら、これを実行してみてください。

大地には、パチャママという神さまがいます。

この神さまの力を借りるワークをご紹介しましょう。


自然界では、動物が酸素を吸って、二酸化炭素を吐き、植物が二酸化炭素を吸って、酸素を吐いてくれます。

与え合う素敵な循環になっていますよね。


そして、重たい感情は、私たち人間にしか生み出すことができません。

これは、大地の神さまであるパチャママが、喜んで受け取って浄化してくれます。

そして、**とっても軽くて、我々人間にとって心地よいエネルギーにして戻してくれる**んです。

こちらも、与え合う素敵な循環になっています。

このワークのポイントは、足の裏から深呼吸をして、吸ったり吐いたりするイメージを思い浮かべること。

あなたの重いエネルギーを深～く吐いて、そして、キラキラになったエネルギーを、深～く吸ってください。

土や砂浜の上でやったり、足首まで海につけてやると、さらに心地がよくて効果的ではあります。でも普段なら、靴を履いたままで、さらには、建物の何階にいながらやってもＯＫです。

それでは、具体的なやり方を説明していきます。

無価値感や罪悪感、恐れ、不安、イライラなど、気分が下がるモードになった瞬間、そこにフォーカスをせず、あなたの身体に意識を集中させてください。

あなたの両足の裏からパカッと扉が開きます。イメージで大丈夫です。

あなたが吐く息と共に、そこから、黒くて重い砂鉄のようなものが、身体の隅々から、ドサッと一瞬で出て地球に吸収されます。

これだけでもスッキリ！

すると、今度は、足の裏からあなたが吸う息と共に、一瞬にして、光の粒子がドドドドド～～ッと入り、身体の隅々まで行き届きます。

これで、羽が生えたように、波動がものすごく軽くなります。

気持ちよさを体感してください。

これで完了です。

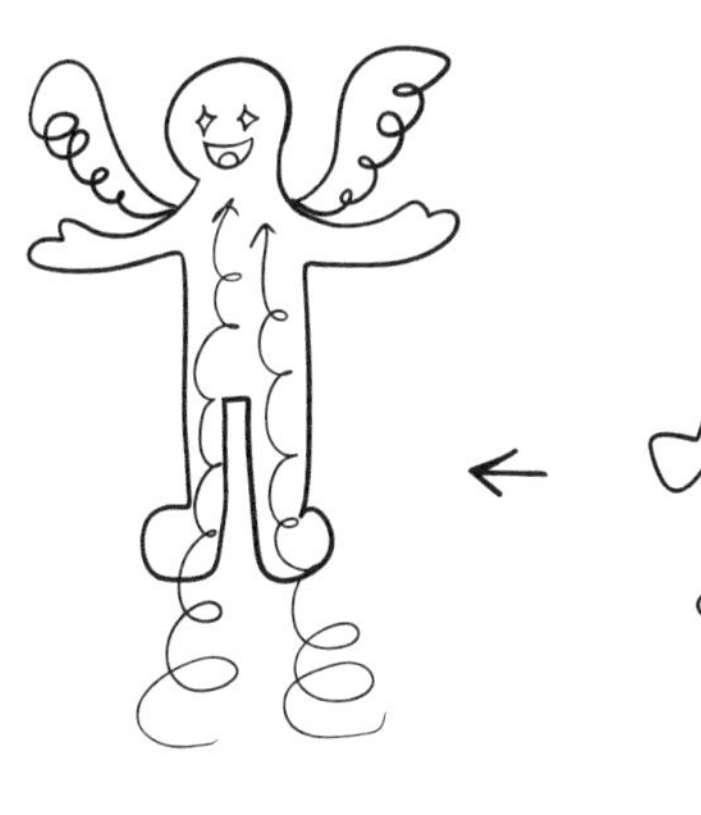

応用編のワークで「大フィーバー」！

あとですね、基本的には同じなのですが、もう一つの方法があります。

それは、「**パチャママジャンバリワーク**」です。

重い波動が出てきた瞬間、身体全体に、ぎっしりと、パチンコ玉のような銀の玉が詰まっているイメージをしてください。

そして、耳を澄ませると、『軍艦マーチ』の音楽と共に、魚の競り市に飛び交うような声で、こんな言葉が聞こえてきます。

「重い波動〜♪　いらっしゃいませ〜♪　いらっしゃいませ〜♪」

そうです、パチャママの声です（笑）。

パチャママは、あなたの重い波動を察知して、呼びかけてくれるんですね。

さあ、フィーバーが始まります。
あなたの両足の裏の扉が、パカッと開きます。
すると、パチャママはこういい始めます！

「ジャンジャンバリバリ～♪　ジャンジャンバリバリ～♪」

そして、ぎっしりと詰まった銀のパチンコ玉が大地にシュッと吸い込まれ、軽～い波動に変わって戻ってくるではありませんか！

そのときにパチンコ玉の重さが大地に表示されます。
それも、イメージで確認してみてください。
パチンコ玉が重いほうが、あなたの波動は軽くなっていきますし、パチャマママは喜んでくれます。
そして、パチャママが最後に、

「ありがとうございました～♪」

といって、『軍艦マーチ』の音楽がフェードアウトしていき、あなたの足の裏の扉が閉まります。

もちろん、このパチャママフィーバー中、あなたの目と第三の眼を合わせた3つの眼は、「777」になっています。

ちなみに、「777」のエンジェルナンバーの意味は、

あなたのレベルが上昇する！
あなたの望みが叶う！

天からご褒美を受け取れる！

という感じです。

まあ、天からというか、大地からもですね！

最強ですよね！

これをしていると、イライラが、波動を軽くする最高のチャンスになりますので、むしろ、イライラするのが楽しみになりますよ！

過去の選択の集大成が「今の自分」

そして、いつでも、どこでも、座っていても、歩きながらでも、自分から重い波動が出ていると感じたときには、すかさずやってください。

何度もいいますが、あれも、それも、これも映像なので、それを思い出しましょう。

誰かのせいではなく、その映像を創って体験したのは、自分なのですから。

そうすると、**あれも、これも、周りのせいではないことに気づいていきます。**

しつこいようですが、これがポイントなんです。

CHAPTER

2

自分を「気にしすぎ地獄」から救い出す

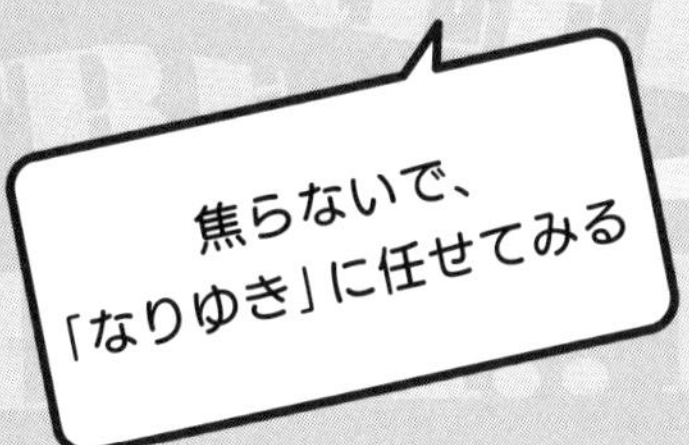

必要以上に「脳内検索」をしない

もしも、あなたがこの世界に息苦しさを感じていたら、それは、あなたが自分の思考に支配されている可能性が高いです。

思考は、あなたがやることに対して、いろいろ調べてくれるスマホのような存在です。

アイテムとして活用するなら最高の相棒です。

あなたが思ったことを、すかさず検索してくれるからです。

ただ、**何を検索するかにもよる**んです。

マイナスなことばっかり検索していたら、あなたの脳内検索画面はそればっかりになりますから、どんどん苦しくなってしまいます。

自動検索にして、受け身のまま、苦しくなっている人がたくさんいます。**受け身のままだと、あなたは思考に支配されている状態になってしまう**のです。

思考は放っておくと、物事を複雑にしたり暴走したりして遊ぶというクセがあります。トロイの木馬（コンピューターウィルス）のように。

すごく厄介ですよね、可愛いともいえますが。

こうならないためには、思考に対して、受け身でいないことがポイントになります。

あなたの思考を検索する権限は、あなただけが持っているのですから。

自動検索が始まってしまった場合は、次のワークをオススメします。

自分の中に「強制終了」ボタンをつくる

何でもいいのですが、自分の思考をONにしたりOFFにしたりするための合図を決めておきましょう。

合図にするのは、指を鳴らすことでもいいですし、眉間（みけん）を人差し指で押すと思考がOFFになる、と決めておいてもいいでしょう。

思考がうるさくなってきたら、スイッチをOFFにして強制終了させてください。

はい、深呼吸。

これで、思考の検索が止まります。

騙(だま)されたと思って、やってみてください。

ちなみに、私は、おもちゃのバスの、停車ボタンを活用しています。ボタンを押すと「次、止まります！」とアナウンスが流れます。

これが「思考止まります！」ボタンとして、とても使えるんです。

過去の出来事をずっと気にしてしまう人へ

ショックなことや失敗したことなどを、何度も脳内で再生して、しつこく苦しみを再現して自分をいじめている人がいます。

実はこれ、エクスタシー化しているんですね。

アンコールッ！　アンコールッ！　って。

まずは、その稀にみる、自分の集中力を褒めてあげましょう。

常に問題を見張っているその集中力は素晴らしいです。

たとえていうなら、あなたの前を通りすぎるはずの電車を手で必死に止めて、「みんな、見て見て！」と見せびらかすのを、自分自身や相談相手にしているのです。

ものすごい腕力、集中力、臨場感……。

さあ、もういいじゃないですか。

その手を今すぐ、離しましょう。

でないと、手も心も筋肉痛になりますよ！

つかんでいるモノ・コト・ヒトをイメージしながら、実際に両手をパーにするだけです。

とても簡単ですね。

パ〜！

その列車は、ス〜ッとあなたを通りすぎていくだけです。
それをしっかり見送って、バイバイといいましょう。

声に出していってください

その出来事、私の人生からバイバイ！　そして、ありがとう！

すべての出来事は、ただ通りすぎていくものです。
もう、手放してあげましょう。その出来事を。

「ちょっとしたこと」ほどはっきり伝える

あとですね、過去の出来事をずっと引きずってしまう人の特徴としては、人にいえないことがあると、それをずっと思考のどこかにメモで貼っていたりするんですね。

そうすると、思考がちょいちょい思い出しては、勝手に検索し始めます。

なので、**ちょっとしたことでも、いわないと、聞かないと、後悔しそうなことがあれば、いう練習をしていく**といいでしょう。

ちょっとしたこともいう、我慢しない練習です。

そして、リハビリです！

小さなストレスをテイクアウトしない

帰りたいときに、帰るという。

参加したくないときは、ちゃんと断る。

相手が気持ちよく話をしている途中だったとしても、トイレに行きたいときは、我慢せず行く。

私の話を書きますと、私は、生卵アレルギーで、卵はよく焼いてないと食べられないいんですね。

ですので、ホテルのモーニングで、必ず伝えることがあります。

それは「卵は〝よく焼き〟でお願いします！」です。

だけど、すこ〜し半生(はんなま)になって出てくることが、結構あるんです。

そのときは、**遠慮せずに、さらによく焼くようにお願いします。**
海外のホテルでは、顔芸付きで、卵を押し付けて焼くジェスチャーをします。
伝えることで解決できることはしてみましょう。
小さいことですが、ちょっとしたストレスをテイクアウトすることがなくなります。

小さなことこそ、変に遠慮せず、その場で解決しておきましょう!

相手に、変に気をつかう必要はありません。
だって、映像ですからね!

タロットの「悪魔」のカードが教えてくれること

思考の奴隷の話にリンクするので、タロットカードの悪魔のカードの話もさせていただきます（私はタロット占い師になる学校」を主宰しています）。

このカードに描かれているアダムとイヴは、悪魔が持っている鎖につながれています。

しかし、鎖をよく見ると、ものすごく緩くて、スッと抜け出すことができるんですね。

この悪魔は、人が「逃れられないと思い込んでいる対象」を表しています。

依存や執着や恐怖や心配をしている、あるいはされているモノ・コト・ヒトなど、やめられない止まらない状態の「何か」です。ですので、ここでは思考ですね。

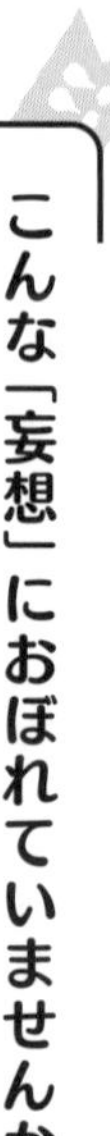

こんな「妄想」におぼれていませんか

いつも思考で色々考えすぎて、自分で自分をいじめている場合は、実は、それは、いつでも止めることができることを知ってください。

思考は止めようがないと思い込んでいるだけなんです。
悪魔はただのまぼろしであって、いつでも脱出可能なんです。

私たちは、思考というアイテムを自由に操作する側なんです。
それを忘れないようにしてください。

声に出していってください

すべては、まぼろし～♪

心配なときほど、笑っていていい理由

解決したい問題があるのなら、それをなんとかしようとせず、そして、マイナス面に意識の焦点を合わさず、宇宙に丸投げして、あとは、今を楽しく生きると解決するんです。

宇宙は、あなたにとって最善のナビゲートをしてくれるのです。

しかしながら、それを受信するためには、**あなた自身も宇宙と同じくらい軽い状態でいることがポイントになる**んですね。

そうするためには、その問題に執着するのをやめることが大事になってきます。

執着の波動って、ものすごく重いんですね。

というわけで、以下の2点を徹底しましょう。

・〇〇すべき↓どっちでもよくない!?
・〇〇しなきゃいけない↓何とかなるやろ！

そして、深呼吸をして、今に集中していればいいんです。

好きなこと、楽しいことに目を向けていればいいんです。

すると、次の台本があなたの手元に降りてきます。

いい波動で過ごしていれば、素敵な台本が手に入ります。

そしてその頃には、あんなに問題だと思っていたことが、痛くもかゆくもないものに変わっていたりするんです。

これホント！

だから楽しみにしていてください。

声に出していってください

いったん、宇宙に返しま〜す！

「どちらを選ぶか」迷ったときの考え方

辞めたいけど、辞められない。
別れたいけど、別れられない。
断りたいけど、なかなか断れない。

……など、心の中に抵抗があるのに、続けていることがあれば、これは、一見、複雑そうな心模様ですが、実はシンプルなんです。

ただ単に、今のあなたにとって、現状維持のほうが優先順位が高いだけのこと。

新たな行動や変化は、リスクが伴うのは当たり前。
人は変わることをものすごく恐れる性質があるので、いろんな理由をつけて、変わらないほうを選択します。

どうしても辞めたかったり、別れたかったり、買いたかったりする場合は、誰に相談しても、止められても、GOの決断を下すのが人間です。

だから、そこまでの気持ちではないだけなんです。
そして、決断も行動も、あなたの自由な選択です。

何を「基準」にして行動するか

何かに理由をつけて、実行しないならば、それは、本当にそれが原因なのではなく、**あなたが、それを選びたくないだけ**なのです。

シンプルなことを周りの映像のせいにしたり、勝手に理由をつけて複雑にしたりしないこと。

あなたが本気かそうじゃないかだけの話なんです。

声に出していってください

私の人生の選択は、いついかなるときも、私の自由です！

もっと自由に、オリジナルに生きていい

ふつうは違うでしょ！
ふつう心配するでしょ！
そんなことをしていたら、みんなに笑われるよ！

こんな言葉をかけられたことはないでしょうか？

そもそもその〝ふつう〟とは、
そもそもその〝みんな〟とは……。

何⁉
誰⁉

そうです、映像です。

誰かを傷つけたり、迷惑をかけるわけでもなければ、〝ふつう〟や〝みんな〟に合わせる必要はありません。

「ふつう」に合わせないほうがうまくいく

常識は自分でつくり替えることが可能なんです。
ふつうに合わせないほうが楽だったら、そっちでいいんです。
だって、ふつうって、ただ単に、それをやる人が多いというだけのこと！

世間の平均ラインにわざわざ合わせる必要がありませんし、
そんな世界、面白くありませんよね。

あなたは、あなたのオリジナルな世界を創ってください。
あなたが、心地よく感じる道が、正解の道！

声に出していってください

私はふつうじゃありません。オリジナルです！

「やりたいことがない」……大いに結構！

これといって、やりたいことがない！
好きなことがない！
ということに対して、焦ったり、悩んだりしている人がいます。
かといって、現状に不満がある訳でもありません。

でもね……、
これ、**悩む必要ない**んです。

私たちはそもそも、この地球に来ることが目的でしたので、今、生きている状態こそが、やりたいことであり、好きなことなんですね。

ですから、いちいち周り、つまり映像と比較して、あの人は、やりたいことをしているのに、どうして私には何もないのかな？

こんなんで、私はいいのかな？

などと思わなくっても大丈夫なんです。

あなたが、あなたでいることが、やりたいことなんですね。

声に出していってください

そもそも、私が私でいることが、やりたいことだった！

宇宙とつながったまま生きる

84ページで、思考は「いろいろ調べてくれるスマホのような存在」という話をしました。

思考に支配されることなく、自分の心の奥の声に従って生きることが本来のあなた、つまり宇宙とつながっている状態（ハイヤーセルフ）で生きることになります。

みんなと同じが正解で、はみ出したら怒られるという教育を受けてきた人は、軌道修正をしていきましょう。

違うことをして怒られるというのは、ちょっと変だったんです。

親や先生は、子供からすると、絶対的な存在なので、それが正しいと刷り込まれがちですが、今、振り返ってみてください。

記憶の中の彼らはあなたより年下ですし、結構、人間みんな未熟ですよね。

私もあなたも含め。

なので、

「それが正しい!」のではなく、「それ正しい?」

と、人の意見も、自分の思考に対しても、もうちょっと軽くとらえていきましょう。

私の主人は私

何度もいいますが、あなたの主導権はあなたが持っています。

心の声を押さえつけないでください。

心の声をスルーしないでください。

そんなことをしていれば、思考に支配されて生きることになります。

あなたは、ＡＩですか？


みんな、バラバラでいいんです。

みんな、違う機能を持っています。

好きなことも、反応することも、飽きちゃうことも、じっとしていられないところや、集中できるところも、み～んな違います。

それを同じにするというのがおかしいんです。


私は、動く動物のおもちゃが好きなんですね。

12匹いますが、すべてに赤いベレー帽をかぶせて、〝キャベンジャーズ〟と名付けています。

スイッチをＯＮにすると、12匹それぞれ、動く方向、動く速さ、鳴き方、千差万別です。

彼らは、これが正解だよね！　と教えてくれます。

さあ、**あなたは、あなたらしく、あなたを生きて表現すればいいだけ**なのです。

自分を「思考の罠」から助け出すことができるのは、自分しかいません。

声に出していってください

そうです、私がハイヤーセルフです！

単純作業がもたらす「大きな効果」

思考が暴走して、思考に支配されて、苦しくなりがちな人は、単純作業が効果的です。

目の前の単純なことをすることで、思考を働かせない、思考を寝かしつける、思考で検索しなくさせるんですね。

なので、昔からある、寝る前に羊を数えるのも、いいアイデアといえるでしょう。

単純作業は、探せば日常にたくさん転がっています。

・本棚の整理をする
・皿洗いをする
・靴を磨く

……などなど

自分の動き、身体の状態、心の動きなどを、ただひたすら実況中継をするというやり方もあります。

なんでもいいんです。単純作業をしてみてください。

この〝気持ちよさ〟をあなたにも！

以前、こんなことがありました。

私のYouTubeで、視聴者さんの思考を停止し、ハイヤーセルフ状態になってもらおうと、1時間以上のタロットシャッフル動画をつくったんですね。

それをボーッと見ているだけで、思考がスッキリしたという報告をたくさんいただきました。

ちなみに、私が最近ハマっている単純作業は、**ジュエリー磨き**です。

私はジュエリーデザイナーもしているので、自宅には自分でデザインしたネックレスやリングがたくさんあります。

それを、職人のように一つひとつ丁寧に磨き上げるのです。すると、新品同様に輝きを取り戻すんです。

ジュエリーも、思考も、スッキリして、一石二鳥!

自己流でOK！簡単「瞑想」のススメ

瞑想は、思考を止めるのにもってこいなんですね。

ただ、日ごろからいろいろ考えすぎてしまう人は、瞑想をしようとしても、思考との会話がなかなか止まりません。

また、1回の瞑想に15分とか30分かかるだけでも、やる気が起きなくなる人も多いはずです。

そこで、1分でもいいから毎日続けられればいいんじゃないの？と、私は思うんですね。

私は、「神さまサロン」というオンラインサロンを運営しているのですが、そのメンバーの方には、毎日、1分瞑想をやってもらっていたりします。

すると、こんな感想をいただいております。

・片頭痛に悩まされていましたが、瞑想したらよくなりました
・これなら、ちょっとした空き時間にちょこちょこできます
たった1分なので、毎日やれそうです
・頭がスッキリしました
・波動が下がりそうなときも、いい感じに落ち着きます
・集中力がアップしました
・朝のトイレで1分瞑想していたら、頭と目の周りがスッキリしました
・1分はあっという間で、やった後、心が軽～くなります

というわけで、瞑想のご説明をさせていただきます。

これは、インドのアーユルヴェーダ専門の施設で学んできた友人に教わった、瞑想方法です。

インドはスピリチュアル先進国で、ちょっとした時間があると、瞑想を始めちゃう人が多いみたいなんですね。


そして、その話を聞いて、私は若干せっかちなタイプの人間なので、

「じゃあ、やりたいときにサクッと1分でいいじゃん！」

と思ったわけです（笑）。

たった1分でできる「心のクリアリング」

誰かを待っているとき、朝目覚めたとき、寝る前、食前・食後……。

気軽にサクッと瞑想!!

簡単に、まるで歯磨きみたいに毎日に取り入れることができれば、誰でも続

けることができます。

さあ、そろそろやり方をお伝えします。

①眉間に人差し指と中指を当てます。

②右の鼻の穴を親指で押さえて、左の鼻の穴から深く息を吐きます。その後、また深くゆっくり、左の鼻の穴から息を吸います。

※このときのポイントは、鼻の中の空気の流れを、細部にわたって感じ取ることです。

③今度は、左の鼻を小指でおさえて、右の鼻から深く息を吐きます。その後、また深くゆっくり、右の鼻から息を吸います。

そして、②と③を繰り返して、1分たったら終了です。

目は、開けていても閉じていてもいいでしょう。

えっ、何⁉

片方の鼻が詰まっているって⁉

その場合は、特別に両方の鼻を使ってもいいですよ（笑）。

慣れてきたら、各自でアレンジをしていただければ、より楽しく瞑想できます。

例えば、**私のオススメは好きな香りの精油を少し指につけておくこと。**これなら、いい香りをかぎながら瞑想ができますしね。

「ボケ〜ッとする」のも立派な仕事！

また、本気でボ〜ッとできる人は、それもとてもいい思考寝かしつけ方法です。

忙しい時ほど、ボケ〜ッとしてみると、熱くなったスマホである思考をいったんリセットして、再起動できるんですね。

ボケ〜ッとしていると、

「ボケ〜ッとするな！」と怒る人がいますが、

結構大事なんですよ、忙しい時ほどボケ〜ッとすることって！

身体を休ませることばかりいわれがちで、思考を休ませることって忘れがちですよね。でも実はこれ、同じくらい大事なことなんです。

CHAPTER

3

思い通りに現実を書き換えるには？

「心のチャンネル」の上手な切り替え方

あなたは、いつも何を気にしていますか？
どこに、意識の焦点を向けていますか？

気にする・意識する↓チャンネルが合う↓体験する
という流れになっています。

ですので、最初の焦点を変えれば、また違うチャンネルに合って、それを体験することになります。

逆にいえば、チャンネルを自由に変えれば、体験する現実が変わります。

もしも、体験したくないことばかり体験している場合は、チャンネルを変える練習をしましょう。

どんな風に変えるかって⁉

同じものを見ていたとしても、暗い部分と明るい部分があります。なので、**明るい部分に焦点を当てる**のです。

BGMをつけると、逆に面白くなってくる不思議

これにはいろんな方法がありますが、簡単な方法としましては、悲劇を喜劇へ、つまりコメディー化するんです。

悲劇的なことは、そのまま完全にそれを演出してしまうんです。

音楽をつけて臨場感を堪能しまくると、逆に面白くなってくるんです。

メインミュージックはヴェルディのレクイエム『怒りの日』がオススメです。

知らない方は、ぜひ一度、ＹｏｕＴｕｂｅで検索して流してください。

または、逆に、素敵なチャンネルに合わせるには、『ガイアの夜明け』で流れる曲『鼓動〜 Gate Of Awakening 〜』などがオススメです。

自分の願いが叶っている状態をイキイキと妄想しながら聴き入りましょう。

Gate Of Awakening って、日本語にすると、「覚醒の門」ですね。

素晴らしい言葉ですね！

自分への「ダメ出し」が止まらない人の心理

ドMのみなさん！　お待たせしました。

何かあったら、自分を自分で痛めつける人がいます。

ダメな自分を堪能し始めるんです。

このパターンを選択するのもしないのも、自由なのですが、無意識にこちらを選択し続けている人がいます。

何かあったら、いつもこうです。

メールの返事がこないと不安になる。
↓あ~も~ダメだ、嫌われた……。
あのときの一言で、もしかして、相手は気を悪くしてしまったのかな……。

あ~怖いよ~嫌われたら怖いよ~
あ~怖いよ~どう思われているのか怖いよ~

と、いつもビクビクしています。

全部、自分の価値が喪失するほうに、意識を向けるんですね。

何度もいいますが、そういう場合は、実は、自分をイジめてエクスタシーを感じているのです!
だからクセになるんです。

心のどこかで、気持ちいいんですよ。
甘いものがやめられないのに、やめたいと思い続けているのと同じです。
お化け屋敷に何度も入ってしまい、同じところで、**怖いよ〜！** といっている感じです。

でも、**これって、いつも自分のことしか考えていない**んですね。

相手に好かれる行動も、
相手にどう思われているかを気にすることも、
ビクビクしならの言動も、
相手の幸せというより、自分が好かれたくて、自分がどう思われるかが大事だからやっているんです。

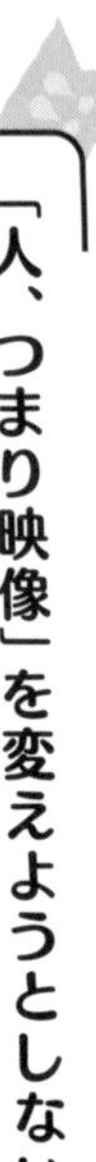

「人、つまり映像」を変えようとしない

ちなみに、自分を責める人は、人も責めるんです。

自分はこうなのに、どうしてそうじゃないの？　と。
自分だったらこうするのに、どうしてもっと○○してくれないの？　と。
自分だったらそんなことといわないのに、どうしてそんなことというの？　と。

特に、気心知れているので、基本的には嫌われないであろうと思われる、身内に対しては、そうしたりします。
結局、自分が可愛くて、可愛くてしょうがないんですね。

それは、悪いことではありませんし、誰だって自分の幸せが一番大事です。

しかしながら、相手の気持ちによって、自分の存在意義が左右されたり、苦しんだり、あるいは相手を変えようとしたり……。

これ、疲れますよね。

相手がどう思おうと、あなたの存在意義に変化はありませんし、そして、身内は、自分と同じ気持ちにさせたいという傲慢(ごうまん)は、そろそろ卒業しましょう。人によって価値観が違うのでそれは不可能ですし、そもそも、それらはすべてあなたが創り出した映像なのです。

また、人を変えようとするのは、すでに放映中の映像を変えようとすることになるので、それもできません。

あなたが、これからの映像を変えていくことが先決です。

この遊びをやめて、違う映像を流せばいいだけなんですね。

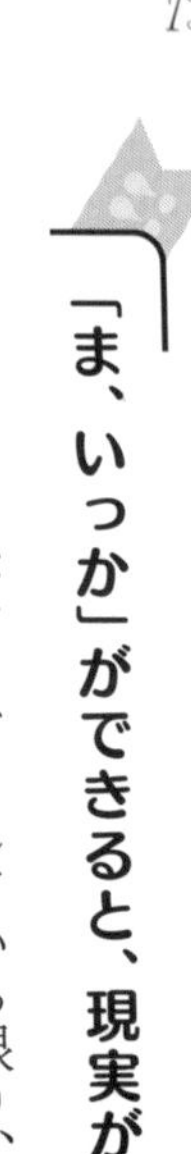

「ま、いっか」ができると、現実がガラリと変わる

例えば、あなたがビクビクしている限り、その映像は臨場感抜群で続きが放映されます。

あなたが、ビクビクするのをやめて、相手、つまり映像に気に入られる言動をせず、**本来の自分の気持ちに正直に生きることを選択すれば、映像が変わっていきます。演者のセリフが変わっていきます。**

苦しい映像に意識を向けて、そこにガッと入り込んでいると、それはより、しつこく苦しみを味わうことになるだけです。

あなたは、そこに意識を集中させるのではなく、**自分に集中して、映像は放っておくことが大事**です。

放っておくことが悪いことだと思っている人がいますが、放っておくことって、技術です。

逆に難しいですよね、放っておくことって。人間の思考には、気になってしょうがないクセがあるから。

それは「不毛な監視作業」です

これは、人間関係に留まらず、いろんなことに使える技術です。

メールが来ないからって、何度も確認しているうちは絶対来ないですよね！

そこに意識のチャンネルを合わせているからです。

かじりついている間は、同じ映像が流れます。

誰かを許さないと、許せない映像はずっと流れ続けます。

どれもこれも、苦しい映像が流れているときは、あなたがそれにしがみついている証拠です。

あなたが人という映像に入り込まず、自分軸で生きれば、映像が変わります。
あなたがフォーカスする焦点を変えれば、映像が変わります。
あなたが発する波動を変えれば、映像が変わります。

だから、あなたは、あなたの好きなことをして、ただ気分よく過ごしていればいいのです。
全然関係ないことをしているようですが、チャンネルが切り替われば、違う映像が流れるんですよ。

もし、お化け屋敷を深刻に堪能しすぎている場合。
そんなときは、すかさず自分にこういってください。

声に出していってください

自分よ、おーい！　戻ってこーい！

つい「不安や心配」を集めてしまうのは、なぜ？

先ほどから熱く語っていますが……。
不安や心配って快感になりやすいんですね。

究極の暇つぶしになるし、
悲劇のヒロインのように話せばみんなに注目してもらえるし、
新しいことを生み出さずに、エンドレスで、思考を回していけるし……。

テレビに例えると、新しい番組を企画せず、とりあえず、何度も再放送だけ流しておけば成立してしまうという楽な状態です。
だから、解決したくないんです。
簡単に解決してしまったら、次の不安や心配事を探すしかありません。

しかも、**厄介なのは、「心配をしていることがえらい」と思い込んでしまっている場合**があるんです。

「こんなに心配しているのに！」というセリフなどは、そんな自分が真面目で、えらく、まるで「あなたが私をそうさせている」的な雰囲気です。

・心配している私は真面目
・心配している私は地に足がついている
・心配しているほうがえらい
・ノーテンキな人は、ダメ人間……

だから、簡単に解決を望みたくない。

あまりにも簡単に解決するとつまらない。

話題提供にもなるし、そして人はマイナスの情報に引き込まれる側面も持っています。

さらに、一緒に不安を共有してもらうと、お互いの心の距離が近づく気がするし、不安の臨場感がアップしてゾクゾクする！

しかし、不安や心配を選択しているのは、あくまでも自分自身。

勝手にやっているだけなんです。そして、勝手にやっている分には何の問題もありません。

それを人に押し付けて、自分の心配を解消してもらおうと、人をコントロールしようとしたその瞬間に、迷惑行為に突入です。

これはパラドックスで、「相手のため」を装った「自分のため」なんです。

「愛」について多くの人が勘違いしていること

ここで、とても大切なことをお伝えします。

本当の愛とは、相手の自由を奪うことではなく、相手の自由を尊重することです。

この人生で、どんな経験をするかは、人それぞれです。

そして、何を選択しようと、その人が選択したことは、その人の責任です。

当たり前ですが、たとえ身内であっても、その人の人生の責任はその人にありますし、あなたの人生の責任は、あなたにあります。

それを奪う権利はありませんし、奪うことは愛ではありません。

まあ、全部、映像ですけどね（笑）。

人生というゲームの遊び方は、人それぞれ

そして、その逆の人もいます。

「心配や不安はいけないこと」という思い込みをしている人です。

これらは、どっちがいい、悪いという話ではありません。

好き好きです。好みの問題です。

問題は、自分の思考の嗜好を相手に押し付けることから始まります。

・心配はすぐに解決したほうがいい

・心配はしないほうがいい

・心配はつらいに決まっている！

……などなど

解決したくない人に、解決を押し付ける権限は、誰にもありません。

映画やドラマでいったら、これから観ようとしている人に、ネタバレをいっちゃうのと一緒です。

ゲームでいったら、これからゲームをしようとしている人に、攻略方法を助言しちゃうのと一緒です。

失礼ですよね。

ちなみに、私はゲームで遊ぶときに、ラスボス手前まで行ったら、また最初からやり直すのが好きなんですね（笑）。

話を戻します。

人生の遊び方は人それぞれなんです。

ゴールに行く方法が違うんです。

不安や心配をしているのが好きな人と、解決して、いつも、さっぱり生きていたい人。

お化け屋敷の楽しみ方が違うんです。なので、押し付けなくていいのです。

前者は、驚いて堪能系、後者は、お化け退治系です。

声に出していってください

あなたは、あなたの遊び方！　私は、私の遊び方！

ちなみに、相手が「知りたい」って望んでいるのなら、教えてあげてね！

「いい人すぎる自分」と手を切ろう

こういう人もいます。

相手の気持ちを察しすぎてしまう人です。

理不尽なことをいわれても、相手の気持ちを考えすぎて、だんだん相手の肯定的な部分を見つけていき、最初は納得がいかない話だったとしても、ＯＫを出してしまうんです。

そうすると、相手の思うツボになります。

いい人すぎるというか、お人好しというか、
いい人に見られたいというか、断るのが苦手すぎるというか……。

こういう人は、相手にどんどんコントロールされる自分をつくってしまうんですね。

気づくと、自分の本当の気持ちを、結構殺している！

オノ・ヨーコさんの名言をご紹介しましょう。

「いいたいことをいえなかった、その度に私たちは死んでゆく」

「自分との関係」が一番大事

映像のほうを主体にさせないこと！

相手の立場になって気持ちを考えることは、とてもいいことです。しかしな

がら、自己犠牲が伴っているのはよくありません。

自分の気持ちはどうなの？

これをいつも自分に聞いてください。

声に出していってください

で、自分の本当の気持ちはどうなの？

自分という人間はちゃんと尊重してあげることが大事です。

自分との関係は一番大事なんですね。

だって、あとは映像ですからね。

「人生の幸せ度」を決める3つのマニュアル

あなたの意識は、今、天国、地獄、それとも浮遊霊状態のどこに存在しているでしょうか？

浮遊霊状態の人はこんな世界です。

- 回 自分なんて生きている意味なし
- 回 許せない人・許せないことをず〜〜〜っと考えてしまう
- 回 やられたら、やり返さないと気が済まない

□嫌なことをされたら、いつまでも根に持ち続ける
□常に過去にとらわれながら生きている
□楽しそうにしている人を邪魔したくなる
□いつも邪魔されたり、誰かのせいで、うまくいかない
□自分の感情に振り回されて暴走する・翻弄される
□みんな私を嫌っているに違いない
□自分より不幸な人を見ると安心する

地獄にいる人はこんな世界です。

□自己犠牲気味に生きている
□愚痴、泣き言、悪口をよくいう
□人に依存や執着しがち
□人から何をもらえるか、どれくらいもらえるかを考える

□ 自分と誰かと比較して一喜一憂する
□ 自分の感情を自分でコントロールできない
□ 物事を被害的にとらえる
□ いつも心の中で自己否定をしてしまう
□ うまくいかないと、周りや情報のせいにしたり、当たり散らしたりする
□ 自分を守るために、人を責めたり攻撃したりすることがある
□ いつも何かしら焦っていたり、我慢をしている

天国にいる人はこんな世界です。

□ 自分を大切に生きている
□ 愚痴、泣き言、悪口をいわない
□ 人に依存や執着はせず、精神的に自立している
□ 人を喜ばせることが楽しいし、好き！

□目の前の人に何を与えられるかを考える
□物事を肯定的にとらえる
□自分の感情は自分でコントロールできる
□自分も人のことを尊敬している
□うまくいかないときは、工夫してうまくいく方法を楽しく考える
□いつも楽しく、時間にも余裕がある

さあ、どのカテゴリが、今のあなたにしっくりきていますか?
もちろん、どの世界を生きるかは、あなたは自由に選択できます。

浮遊霊状態は、自分の感情が暴走し、もうどうにも止められない状態で、やたら、周りの映像に自分の意識を縛りつけて固定し、エンドレスで混乱を経験します。

地獄の世界は、自分の感情をコントロールできないので、やたら、周りの映像に振り回されて、苦しみを体験します。

天国の世界は、自分の感情をコントロールできるし、自由に、周りの映像を選択したり創ったりして、楽しみを経験します。

どの世界も、その人に起きていること自体は、とてもニュートラル（中立的）で、あまり変わらないんですね。

あなたが意識の焦点をどこに向けて、どんな気持ちを選択して、どう楽しんでいるかだけなんです。

お化け屋敷の楽しみ方マニュアルみたいなものです。

どんな世界を堪能したいかの好みですね！

人、動物、物、食べ物、水、状況、体調、すべてそうなのですが、どの部分にフォーカスし、どのような感情を選んでいくかで、あなたの住む世界が変わってくるんです。

自分の運勢なんて「自分で決める」

浮遊霊は恨む面にフォーカスし、地獄は不幸な面にフォーカスし、天国は幸せな面にフォーカスしているだけ。

何かにフォーカスすれば、その部分がクローズアップされて自分が体験するという、単純なこの世の仕組みなのです。

そうそう、運勢の悪さや方位を気にしなくていいんです。

占い師の私がいうのもなんですが、**運勢も自分で設定できます。**

だって、あなたの映像ですよ。

方位だって、**あなたがいるところがパワースポットであり吉方位と設定すればいいだけ**のこと。

面倒な設定を自分に下して、面倒な現実をつくっていちいち振り回されるのは、単なるあなたのマゾヒズムです。

まあ、楽しいといえば、楽しいですけど、これも好みの問題ですね。

あっさり開運していく「魔法の言葉」

でですね、ここで一つ、設定をしていただきたいんですね。

題して、**人生簡単設定！**

人生の設定を難しくしているのは、あなたの世界の創造主の自分です。

「それは無理」といいそうになったら、

「そんなの簡単」といいましょう。


常に、人生簡単設定！　にすれば、どんどん簡単になります。

あれも、これも自動的に叶うことを体験します。

これ本当です。


地獄を生きているということは、変な設定をしていたり、その設定を信じているだけなんですね。

「そう簡単にはうまくいくわけがない」

なんて設定していたら、そうなりますよ。


そんな設定、今すぐ変えてしまいましょう。

声に出していってください

私の人生、簡単すぎる！

そうすると、あなたの世界の検索ワードが、簡単！　でいっぱいになっていきます。

あんなに難しそうだった問題も、あっさりと抜け道を発見することになるでしょう。

何しろ、あなたの世界は、あなたが創造している映像ですからね。

リアル Google Earthで、パラレルシフト！

私たちは油断をすると、つい目の前の出来事に没入してしまいますが、今から説明する「リアルGoogle Earth」を使いこなしていけば、意識の焦点を自由に変えていくことができるようになります。

やり方は簡単です。

出来事の嫌な面にフォーカスしそうになった場合、すかさず、あのアプリのGoogle Earthを思い出して、あなたの意識を宇宙に戻らせてください。

あくまで、だいたいのイメージでOKです。

完全な宇宙空間から、地球の球面をながめている感じにするんです。

Ｇｏｏｇｌｅ Ｅａｒｔｈをリアルに操っている感じ！

さあ、その視点で、先ほどまでのめり込んでいたことを思い出してみてください。

あなたにとって、本来どうでもいいことだった場合、あまりハッキリと思い出せない状態になるでしょう。

もしも、濃厚に思い出せる場合は、それらが薄くなるまで、しばらく観察してみましょう。深呼吸をしながらね！

そして、薄くなってきたら……。

元の世界へ帰ります。

親指と人差し指で、地球を拡大して、元いた場所へ意識を戻していきましょう。

CHAPTER

4

「あなたは私」で、「私はあなた」の法則

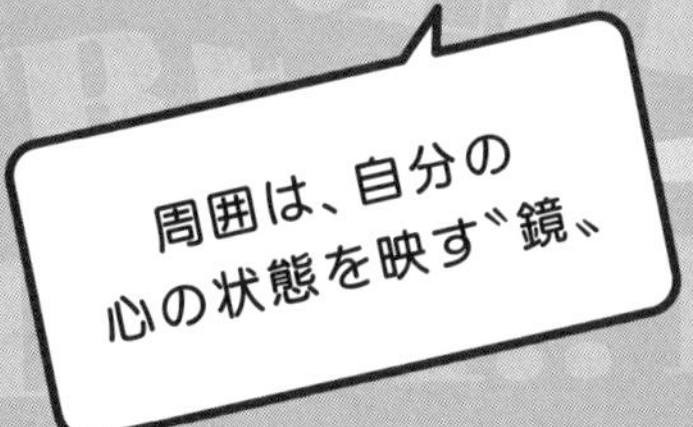

「うらやましいな」と思ったら、大開運のチャンス！

あなたは誰かに嫉妬することはありますか？

それ……、**ものすごいチャンス**なんです。

だってそれ、もちろん、あなたが創った映像じゃないですか！

嫉妬のほうにフォーカスすると、相手にはできて、自分にはできないということがクローズアップされて、それをより濃厚に体験することになります。

というわけで……、**相手を受け入れてしまうといい**んです。

相手のそれを許可することは、自分がそうなることを許可することになるんです。

これ、ものすごくポイントです。

相手を受け入れることは、自分を受け入れることと同じなんです。

このパラドックスに気づくと、世界が変わります。

ほとんどの人は逆をしています。

もしあなたよりうまくいっていて、あなたがつい嫉妬をしてしまう人が出てきたら、是非とも受け入れましょう。許可しましょう。

よかったね！　すごいね！

声に出していってください

あなたにできることは、私にもできる！

人から嫉妬された場合の対処法

ちなみに、人から嫉妬されるのが嫌で、いろいろあきらめてしまう人がいますが、それは、単なる優先順位の話です。

成功して嫉妬されるより、今のままで嫉妬されないほうを選んだというだけです。

ところで、嫉妬されることがよくないと思っていたり、苦しさを感じたり、嫌われてしまった！　と思い込んだりしている人がいるのですが、そこを気にし出したら、そこに意識の焦点が合うので、それを堪能する映像が流れます。

気にしない人には、その映像が流れません。

シンプルですね。

それは、あなたが「まぶしすぎる」から

ただし……、
嫉妬＝拍手
なんです。

あなたが人一倍輝いているから、目立つし、「うらやましいな」って思われるだけです。

もしも輝いていなかったら、誰も嫉妬しません。

むしろ、どちらかというと、同情されることが多いかもしれません。

それでですね、嫉妬する人というのは、その人自身の自信のなさや、プライドの高さなどが刺激されて外に出てきて、当たり散らしているだけで、その人の問題であって、嫉妬される側は関係ないんですね。

ですので、それに対して、凹む必要はないんです。関係ないんです。

とはいっても、あくまでも謙虚でいることは大事です。

嫉妬してしまう人にとって、あなたがちょっとまぶしかっただけです。なので、レースのカーテンをしましょう。

最初は反応してしまうことがあるかもしれませんが、刺激は徐々に慣れるものです。

「いいこと」は人から人に伝染する

知ってましたか!?

「いいこと」ってうつるんです。

「いいこと」があった人といると、「いいこと」の波紋を浴びるので、時間差で自分にも「いいこと」がやってくるんです。

だから、「いいこと」があった人が周りに出てきたら、近い将来、あなたにも「いいこと」がある印なんです。

だから、そこで嫉妬しなくていいんです。

人間って、身近な人に「いいこと」があると、嫉妬の反応が出ることがありますね。しかし、嫉妬すると、その「いいこと」を拒否することになりますからね。

一緒に喜んで、自分にも許可を出すことをオススメします。

ちなみに、人を勝たせてあげると、あなたは、勝つんです。

そういうふうになっているんです。

なぜなら、あなたは私、私はあなただから。

だって、あなたの世界の登場人物は、あなたが創造しているんです。

あの人も、あの人も、あの人もです。

これ、ものすごいポイントです。

人間関係でつまづいたら、まず「ここ」をチェック！

もしも、人間関係がうまくいっていないときは、**自分との人間関係を見直すことがポイント**になります。

あなたが、自分自身のことをどう思っているかを、そして、大切にしているかいないかを、周りの人を通して体験することになるからです。

自分に対して、尊敬し、そして丁寧に扱っていれば、周りの人も、あなたを尊敬し、そして丁寧に扱ってくれます。

しかし、自分に対して、卑下し、そして犠牲的に扱っていれば、周りの人も、あなたを卑下し、そして蔑ろ(ないがし)に扱ってくれます。

これ、鉄板なんです。

自分との人間関係を見直して、素敵にしていくことで、周りとの人間関係が素敵に変化していくんですね。

そして、今まで、いろんな選択をし続けてきた結果が今のあなたです。
選択を変えていけば、これからまた違う結果を体験していきます。
これだけです。

あなたは、自分を大切にすることを選択していますか？

人へのアドバイスは、「自分にいい聞かせるつもり」で

人にアドバイスを求められた場合、
人に伝えながら、その内容を自分も聞きましょう。

時として、その答えは、自分に対しても響いていきます。

逆にいいますと、
自分に対して、自分で励ましたりするとき……。
その言葉は、万人に向けるつもりで発信してみてください。

自分だけでなく、みんなの心にも響きます。

あなたは私で、私はあなたただからです。

ちなみに、もしも、相手に話が伝わらないとき、あなたはその話の本当に伝えたいポイントをちょっとズラしたり、変えたりしている可能性があります。

少し変えて話すと伝わらないんですね。

「しっくりくる」のが正解の道！

相手が傷つかないようにという気配りだったらいいのですが……。

ちょっと、こちらが得しようと、何かを隠そうとして……、

まろやかにしてみたり、オブラートに包むと……、

伝わらなくて、ズレた話の展開になり、かゆいところに手が届かない感じで

終わってしまいます。

それだとのちに、お互いに困るんです。

話が通じにくい相手にこそ、正直に話してみよう。

やり方が間違っているから、モヤモヤするんです。
正解の道は、しっくりくるので、感覚としてわかるでしょう。

忘れないように。
あなたは私、私はあなた。

悪口をいえばいうほど、自分が傷つくわけ

人に対するジャッジや悪口は、全部、自分にいっているんです。

自分が創った映像ですしね。


ＹｏｕＴｕｂｅでは、明らかに迷惑だったり悪意があったりするコメントがつけられることがあります。

そんなときは、「ユーザーをチャンネルに表示しない」というボタンを押すことができるんですね。

ＹｏｕＴｕｂｅをアップした人がその機能を使うと、そのコメントをした

ユーザーからの過去のコメントも今後のコメントも、すべて非表示になる（ブロックされる）んです。

それでですね、迷惑コメントをした人の画面は、何も変わりませんし、今後も、ずっと迷惑コメントを書き続けることができます。

しかし、その人以外の画面には、その人のコメントが今後すべて出てこなくなります。

つまり、批判や悪口を書いた人だけが、それを自分で見るという仕組みになっているんです。

自己満足の世界……、つまり映像の世界がそのまま再現されていますね。

ゴミを投げて、スッキリしていると勘違いしているのは自分自身なんですね。

そして、ゴミで汚れるのは、自分の世界だけなんですね。

地球全体が自分の身体だとしたら……

地球全体を眺めてみると、エネルギー不足の国が、他の国にちょっかいを出してきたり、国の中でも紛争があったりします。

そんな場合、そこを排除したり、さらにエネルギーを奪うのではなく、エネルギー不足のところには、エネルギーを与えて幸せにしてしまえば、悪さをしないと思いませんか？

つまりエネルギーできちんと満たされていれば、外からエネルギーを取ろうとしないですよね。

そうすると、全体的に、平和になります。
地球全体が自分の身体だとしたら、健康になるでしょう。

排除じゃなくて、幸せにすることが大事なんですね。
みんな、逆をしようとするから、エネルギー不足の部分が暴れだすんです。

自分の周囲を「愛と光」で満たすワーク

というわけで、ここで一つワークをお伝えいたします。

身体で調子が悪い部分、苦手な人、あるいは大切な人、動物、植物、モノ、場所、状況など、エネルギーを送りたい対象に向けて、次の魔法の呪文を唱えましょう。

「宇宙最大値の愛と光を、私と○○の中に送り込みます」

呪文を唱えるのは何度でもＯＫ！

愛と光の濃度が濃くなります！　いいことだらけですね！！！

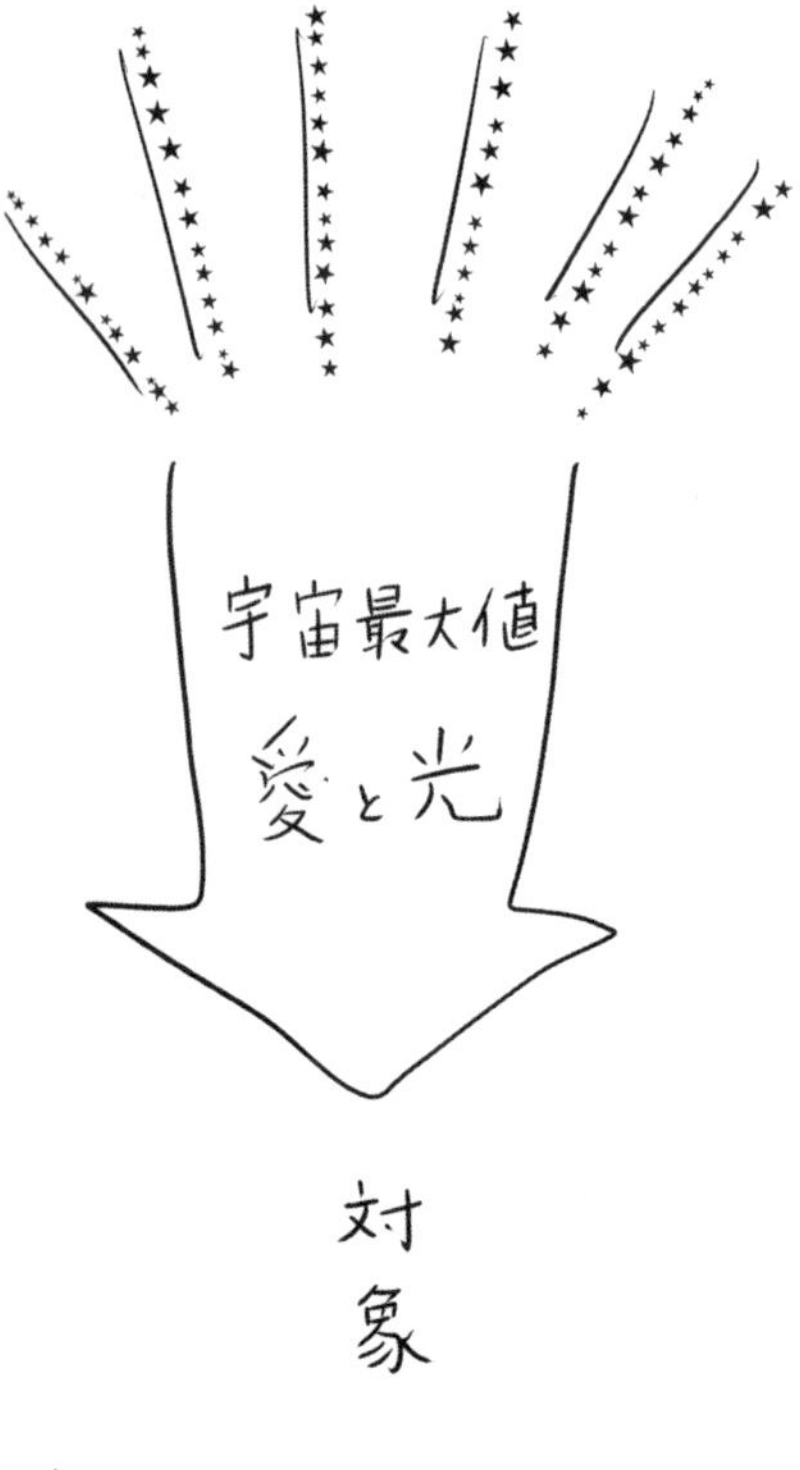

愛と光を送れば送るほど、その部分や人は、幸せにならざるを得ません。
そうすれば、わざわざ、あなたに変にアピールする必要がなくなるんですね。
身体の痛みであったり、面倒くさい言動であったり。

ちなみに、この呪文を唱えるときは、もれなく〝私〟もつけてくださいね。
一石二鳥ですから。

どんなことも、愛と光で満たせば、何の問題もなくなるんです。

そうです。
あなたは私、私はあなたですから。

今までたくさんの人にこのワークをしていただいています。
そして、私が主宰する「神さまサロン」メンバーからは、次のようなコメントが寄せられています。

・嫌味だった会社の上司が、いい人になった
・2年間疎遠だった親友と、友人関係が復活した
・杖なしでは歩けなかった末期がんの祖父が、杖がなくても歩けるようになった
・イライラすることがなくなり、家族との関係が穏やかになった
・病気だったパートナーが、かなり回復した
・勤務先の病院で、騒いでいる患者さんに送り続けたところ、数分後、突然、静かになった
・どれがどうなったかわからないくらい、すべてがうまくいくようになった

CHAPTER

5

他人も自分も「許す」と、未来が広がる

あなたの目の前にあるのは、まだまだ途中の景色

あなたの人生に起こることは、良くも悪くも、その時のあなたにとって、すべて最善です。

絶妙なタイミングになっています。

そして、それらは、まだまだゴールではありません。

より素敵な自分に出会うための、必要な体験でしかありません。

途中の場合は、なかなか気づかないこともありますが、後からわかるんです。

全部必要だったたって種明かしがあります。

人生は巧妙な作品です！
それも、あれも、これも、宇宙の調整が入っています。

ですから、そのまま受け入れてみるんです。
大抵、問題は、何かの気づきや方向転換のために用意されています。
嫌なことが起きるから、改良することになり、あなたは成長していきます。

また、どうしても目の前に壁が立ちはだかるときは、そっちじゃない所に光の道があるという印です。
それを見つけてもらうために、罠が仕掛けられているんですね。

それも、これも、あなたが創っているんですけどね。
そして、**結果、よくなるためにすべてが起きているん**です。

周囲の幸せを祈ると、あなたの世界も素敵に変わる

道を歩きながら、目の前の人々の幸せを祈ってみましょう（道行く人全員に）。

やってみると体感できますが、あなたから、ものすごく心地いい波動が出ます。

そして、それは波動の法則の通り、**その心地いい波動と同じくらい心地いいことが時間差であなたにやってくる**んですね。

さらには、あなたが歩いた道もいい波動に満ちます。

周りを幸せにし、あなた自身も幸せになります。

全員幸せになることは、あなたの映像を素敵に変化させる魔法なんです。

誰も傷つけず、みんな幸せになるんです。いいことだらけの映像を創っていくワークです。

これを習慣にすると、あなたは本当に、圧倒的に素敵な世界へとシフトすることができます。

もちろん、願いも叶いやすくなります。

身体の不調が知らせている「本当のこと」

私は、東京から福岡の整体院に通っているんですね。

とはいっても、3ヶ月に1度くらいのペースです。

そこではいつも、マッサージではなく、話をしているだけで体調がよくなってしまうんです。


例えば、身体が痛くなったり、調子が悪くなったりするときは、すかさず薬でなんとかしようとせず、2つのポイントに注目します。

1つ目は、そこが調子が悪くなる前に何が起きたか、どんな感情が生じたか。
身体の痛みや不調は、それに連動している、ということ。

2つ目は、自分が「本当はこうしたい！」ということを気づかせるために、
身体が痛みを通して教えてくれている、ということ。

この2つを探って理解するだけでも、痛みや体調不良が不思議と治っていくんですね。

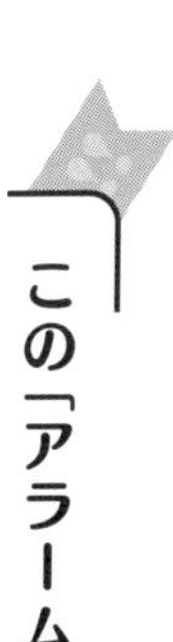

この「アラーム」に耳をすませてみよう

あなたも思い出してみてください。

1つ目としては、「背中が張るな〜」と思ったら、その1〜2日前くらいに、

何か精神的なダメージがなかったか、あったなら、そのとき自分がどういう気持ちになったか、を思い出してみてください。

その気持ちになると、そこがエラーを起こすという流れがわかります。

2つ目としては、あなたの今の方向性や考え方に対して、身体が「そうじゃないよ！」とか、「本当はもっと○○したいのでは!?」を、痛みや体調不良として、アラームのように教えてくれているわけですから、それに耳を傾けることがポイントです。

この警告を無視して薬を飲んで治そうとすると、逆にアラームが増えるという悪循環に陥ることがあります。

それだけ、**あなたの身体は、あなたに懸命にいろいろ教えてくれようとしているんですね。**

ありがたいです。

声に出していってください

私の身体さん、いつも本当にありがとう。愛しています！

身体は、愛の塊ですね！

どんな出会いも、すべてはあなたの「肥やし」になる

一度、人に裏切られた経験をしてしまうと、なかなか、人を信用できなくなってしまうことがあります。

だけど、人を疑いながら過ごすのも面白くないですし、「いつか裏切られる！」って思い込んでいたら、そうなる映像を自分で創り出してしまうんですね。

そして、大元のところをいえば、**自分のことを信じてさえいれば、信じることができる映像が流れ始めますから、人のことも信用できるようになりますし、**

人からも信用されるようになっていきます。

自分との人間関係がすべてのところ（163ページ）でも触れましたね。

（163ページ）

ですので、過去の映像を、何度も再生せず、自分のことを信じて、そして、これから素敵な映像を創っていきましょう。

過去のあの人も、あの言動も、映像の創造主は、あなたなんです。あなたの心の中にあることが、映像となって出てきて、体験しているだけです。

しかしながら、四方八方映像とはいえども、この世界の醍醐味は、人との関係でもあります。

名作ドラマ『3年B組 金八先生』テーマ曲である『贈る言葉』に素敵なフレーズがあります。

「信じられぬと嘆くよりも、人を信じて傷つくほうがいい」

映像と素敵に絡んで、あなたらしいストーリーを創っていくのが、この世界です。

そして、どんなストーリーでもいいんです。

「心配のしすぎ」は、やめよう

いちいち深刻なあなたに伝えておきます。
私たちは、今にしか存在できません。
そして、今って、安全で平和そのものです。
過去や未来に思考を持っていくから深刻に、そして複雑になっていきます。
でも、ひもをほどけば、実はすべてシンプルです。
我々は、妄想と現実を合体させて、ものごとを複雑にして遊んでしまう性質がある。

なんでも、いちいち深刻化しないこと。
シンプルにひもといていきましょう。
深刻化するクセがつくと、どんどんマイナスな方向に意識を導きます。

でも、どっちでもいいんです。
あなたの気分がよかったら、そっちが正解です。
複雑を遊ぶのも、シンプルを遊ぶのも、何を選択するのもあなたの自由。

自分に聞いてみましょう。
どっちのほうが気分がいい？　と。
あなたの心は、すべての答えを知っています。
だって、あなたの心は、宇宙とつながってるんです。
外ではなく、すべては、あなたの中にあるんです。

声に出していってください

私は、すべてを知っています!

9日間で〝心のガラクタ〟を大そうじする方法

一切、愚痴、泣き言、悪口をいわないで過ごせる人って、すごく少ないんですね。

人のことをいわないことはできても、ついついため息をついてしまったり、「疲れた～」とか「あ～あ、雨だ～嫌だな～！」とか、些細なことでも、マイナスな言葉を発してしまいがちです。

でも、9日間、一切、愚痴、泣き言、悪口をいわないで過ごすと、どうなるか……？

あなたの中の波動がとてもきれいになるんです。

ドロドロしたあなたというコップの中の水が、聖地に湧き出るきれいな水に入れ替わるイメージです。

愚痴、泣き言、悪口って、ものすごく重い波動なんですね。

これらは外に向けていったとしても自分にいっていることと同じことになりますし、自動的に宇宙に注文され、同じ経験をするというループにハマっていて、そこから抜け出せなくなります。

ですから、それを止めるだけで、あなたの世界がどんどん好転していくんですね。

うまくいかないのがふつうですが、やってみる価値はあります。

そして、途中で挫折したからといって、運気が低迷することはありません。

達成したら、変わる！

ただこれだけです。そして何度でもチャレンジできます。

日頃から愚痴、泣き言、悪口が多い人は、一気に吐き切ってから始めてもいいでしょう。

とにかく9日間はいわないと決めるんです。

「とりあえず試してみる」かどうかで、まったく違う

でも、やってもやらなくてもいいんです。

やってみたら、違う世界が見えてくるというだけのワークです。

私がYouTubeやTwitterで、このことを伝えると、いろんな人が出てきました。

・この情報に対して愚痴をいって、そもそもこのワークをスタートできな

い人

・このワークに失敗すると、不幸になると勘違いして、逆ギレする人
・なぜ9日間なのか!? とそこに言及して決して始めようとしない人
・今まで自分がいかに愚痴、泣き言、悪口ばかりいっていたのかに気づいてショックを受ける人
・愚痴、泣き言、悪口を、口に出していわなければ、文字にして出すのだったらいいですか？ と抜け道を探し出そうとする人

どんだけ、愚痴、泣き言、悪口をいいたくて仕方がないのか……。これに驚かされることでしょう。

愚痴、泣き言、悪口をいう気持ちよさをとるのか、いわないで、今とは違う世界にシフトするのか、あなたの自由です。

そして、このワークをしてみると、自分にあった「人をジャッジするクセ」も見えてきます。


あと、もう一つ重要なことがあります。

9日間、口には出さないけれど、内心ムカついている場合……。

その重苦しい波動をいちいち手放す必要があります。

そのワークは、74ページのパチャママワークのやり方でOK！！！

なぜ、いちいち手放す必要があるかというと、波動は自動的に出てしまっているので、時間差で、同じ体験を現実につくり出すからです。

いちいち手放すうちに、波動はどんどん軽くなるので試してほしいです。

自分から「剥がすために」見えてくる

一つ注意点としましては、今までの泥がどんどん出てきますから、最初どうしても、愚痴、泣き言、悪口をいいたくなります。
すご～くいいたくなる現象が、はじめのうちは起きやすいんですね。

それは、重い波動が出てきているということなので、いいことなんです。

そこをどうにか乗り切ると、楽になります。
あなたの水がきれいに変化しつつある証拠なんです。

そして、ある転換点に達すると……。
だんだん、愚痴、泣き言、悪口が、今まで快感でいいたくて仕方がなかったという人は、むしろいうほうがつらくなってきます。

愚痴、泣き言、悪口の波動の重さに気がついてくるんですね。
おならは臭いのに、今まで無臭でした。しかし、臭さに気がつくとでもいいましょうか。こうなってきたら、こっちのものです。

ちなみに、愚痴、泣き言、悪口をいいそうになったら、すかさず言葉変換するといいでしょう。

いくつか例を挙げておきます。

疲れた　↓ツイてる
大変　↓余裕
つらい　↓面白い
難しい　↓簡単
すごくムカつく　↓すごく爽やか
寒い　↓気持ちいい
暑い　↓ワイルド
嫌だな　↓風情だな
遅刻しちゃう　↓スローモーション

……などなど

おわりに

――一喜一憂する人生にサヨナラ！ 今が「クランクアップ」のベストタイミングです

実は、前章のワークでは、**地獄から天国に世界を変えることもできるんです。**

とらえ方だけであなたの世界は天と地！　ということがわかってきます。

ニュートラルなものに対してのとらえ方が見えてくるんです。

ニュートラルなものを、いつもどのような視点で、とらえて生きているのかが、わかるんです。

自分が今、天国を生きているか、地獄を生きているかも、一目瞭然です。
そろそろ、あなたも、あなたの映像からクランクアップしましょう。
他人軸で生きる生き方から、自分軸で生きる生き方にシフトしましょう。
そうしたら、すべてが自由自在です。

あなたの映像の中のキャメレオン竹田より
愛を込めて

本作品は、当文庫のための書き下ろしです。

JASRAC 出 2006167-001

キャメレオン竹田
（きゃめれおん・たけだ）

作家、旅人、波動セラピスト、占星術研究家、画家。株式会社トウメイ人間製作所代表取締役。著書50冊以上。「自分の波動を整えて、開運していくコツ」を日々、研究し、国内外のパワースポット・聖地を巡って、受信したメッセージを伝えることがライフワーク。会員制オンラインサロン「神さまサロン」主宰。ANA公式サイト「ANA Travel&Life」や「週刊女性セブン」、女性誌「JELLY」、学研プラス「FYTTE Web」など占い連載多数。TwitterやYouTube（キャメチューブ）では、波動がよくなるメッセージや動画を発信中。著書に『神さまとの直通電話』『神さまの家庭訪問』『神さまからの急速充電』『神さまとお金とわたし』（以上、三笠書房〈王様文庫〉）のほか、『神さまとつながる方法』（日本文芸社）、また十二星座別『キャメレオン竹田の開運本』や『キャメレオン竹田の開運ダイアリー』（以上、ゴマブックス）を年度版で刊行している。

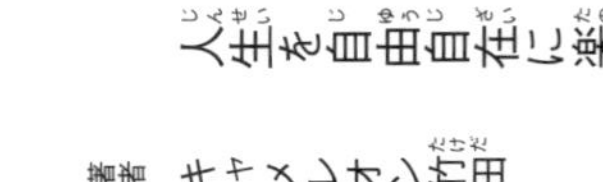

人生を自由自在に楽しむ本

著者　キャメレオン竹田

二〇二〇年八月一五日第一刷発行

発行者　佐藤 靖
発行所　大和書房
東京都文京区関口一―三三―四 〒一一二―〇〇一四
電話 〇三―三二〇三―四五一一

フォーマットデザイン　鈴木成一デザイン室
本文デザイン　根本佐知子（梔図案室）
本文イラスト　キャメレオン竹田
本文印刷　信毎書籍印刷
カバー印刷　山一印刷
製本　ナショナル製本

ISBN978-4-479-30825-6
乱丁本・落丁本はお取り替えいたします。
http://www.daiwashobo.co.jp